目　次

- はじめてのエレキギター　　　　　　　　　　　・・・・・　P2
- いくら位のギターを買えばいいの？　　　　　　・・・・・　P3
- ストラトキャスターとレスポール　　　　　　　・・・・・　P4
- 音が違うのはなぜ？　　　　　　　　　　　　　・・・・・　P6
- 弾き心地がちがうのはなぜ？　　　　　　　　　・・・・・　P10
- トレモロアームを使ってみたい　　　　　　　　・・・・・　P13
- ギターの種類（音楽ジャンル別）　　　　　　　・・・・・　P14
- 他に何が必要なの？　　　　　　　　　　　　　・・・・・　P22
- 何に注意して選んだらいいの？　　　　　　　　・・・・・　P24
- ギターの選び方（番外編）　　　　　　　　　　・・・・・　P25
- 自分のギターを見つけよう　　　　　　　　　　・・・・・　P26

本誌の見方

- ポップス度
- ロック度
- メタル度 　　　それぞれのジャンルで使われている度合
- ブルース度 　　いを評価しています。
- ジャズ度
- 演奏性 ──── それぞれの楽器の演奏性を評価しています。

※ 評価は著者の主観です

Cool Z
ZLS-10/FM　￥108,000

※ 価格は2015年11月時のメーカー定価です

ストラトキャスターと
レスポールの音がきける

下記 URL より
http://www.stwo.co.jp/guitarerabi/

ELECTRIC GUITAR

はじめてのエレキギター

ELECTRIC GUITAR

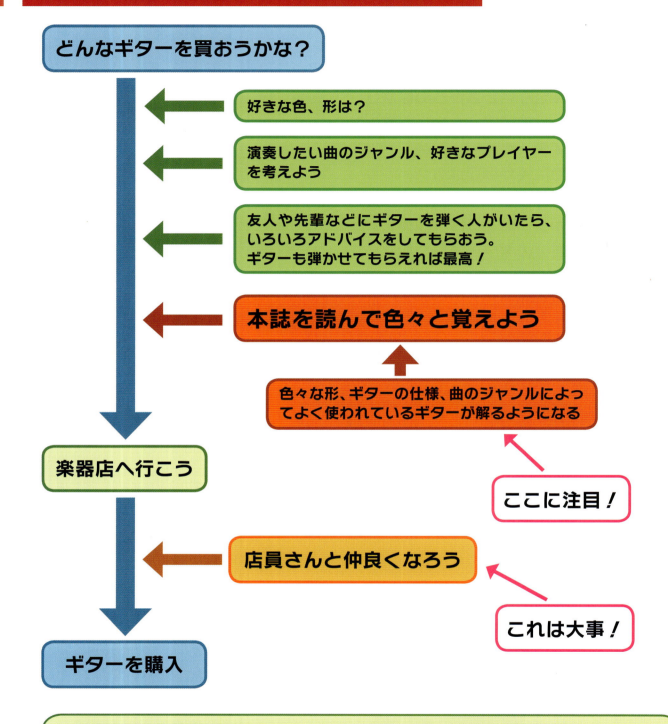

これからエレキギターを始めようとする方、あまり弾いた経験が無い方が、初めてのエレキギターを買う場合、どのようなギターを買ったらいいかよく解らない方が多いと思います。
本誌では、ギターの音や弾き心地のちがい、よく使われている曲のジャンル、ギターを買う時の注意点などを解りやすく掲載しています。
皆さんのギター選びの参考になれば幸いです。

いくら位のギターを買えばいいの？

"とりあえず弾いてみたい" な人

始めからたくさんのお金をかける必要はありません。アンプなどとセットで¥29,800 とかでも結構行けます。

～ ¥30,000

"ちょっとやる気" な人

長く続けられるように、音色云々より弾きやすく自分の気に入ったギターを買うのがコツ

¥30,000 ～ ¥60,000

"結構やる気" な人

自分のやりたいジャンル等が決まっている方だと思います。しっかりと選びましょう。

¥60,000 ～ ¥90,000

"ガンガンに気合いが入ってる" な人

目指せプロ！一本のギターですべてがまかなえる訳ではないので、二本目も視野に入れて選びましょう。

¥90,000 ～

高いギターと安いギターは何がちがう？

・材質
・組み立て精度＝チューニングの安定性
・パーツの精度

上記のような違いが考えられます。
高くて、しっかりと組み上げられているギターを買えればそれにこしたことはありませんが、ギターは一本一本違います。高いギターの音が自分の好みに合っていない場合もあるし、必ずしも弾きやすいとは限りません。
まずは、自分に無理の無い価格のギターを色々と弾いて選ぶのが良いでしょう。

ELECTRIC GUITAR

ストラトキャスターと レスポール

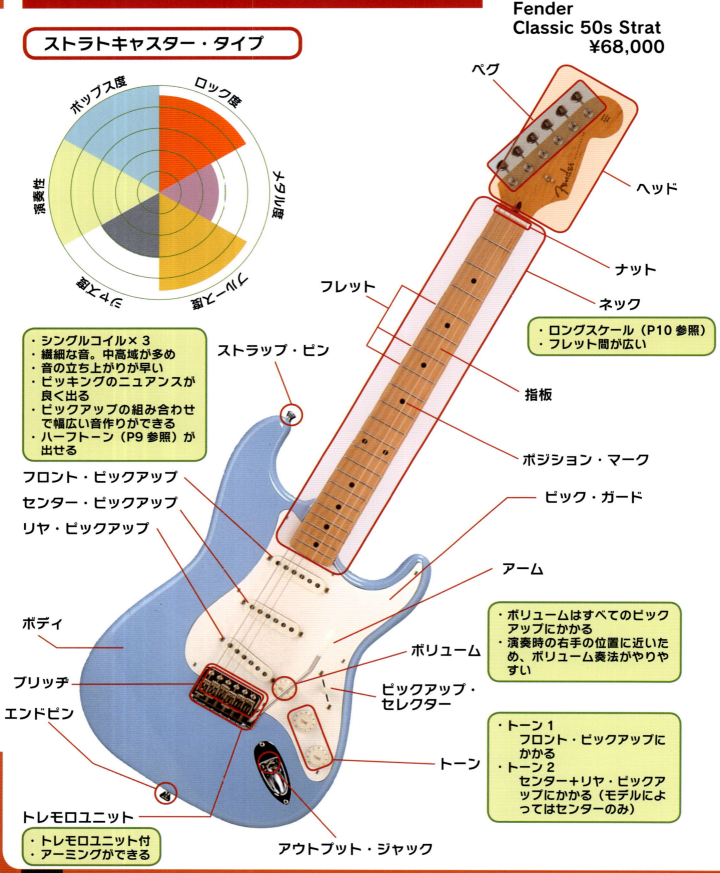

ELECTRIC GUITAR

ストラトキャスター・タイプ

Fender
Classic 50s Strat
¥68,000

- シングルコイル×3
- 繊細な音。中高域が多め
- 音の立ち上がりが早い
- ピッキングのニュアンスが良く出る
- ピックアップの組み合わせで幅広い音作りができる
- ハーフトーン（P9参照）が出せる

- ロングスケール（P10参照）
- フレット間が広い

- ボリュームはすべてのピックアップにかかる
- 演奏時の右手の位置に近いため、ボリューム奏法がやりやすい

- トーン1　フロント・ピックアップにかかる
- トーン2　センター+リヤ・ピックアップにかかる（モデルによってはセンターのみ）

- トレモロユニット付
- アーミングができる

ラベル: ペグ、ヘッド、ナット、ネック、フレット、指板、ポジション・マーク、ピック・ガード、アーム、ボリューム、ピックアップ・セレクター、トーン、アウトプット・ジャック、トレモロユニット、エンドピン、ブリッヂ、ボディ、リヤ・ピックアップ、センター・ピックアップ、フロント・ピックアップ、ストラップ・ピン

レーダーチャート: ポップス度、ロック度、メタル度、ブルース度、ジャズ度、演奏性

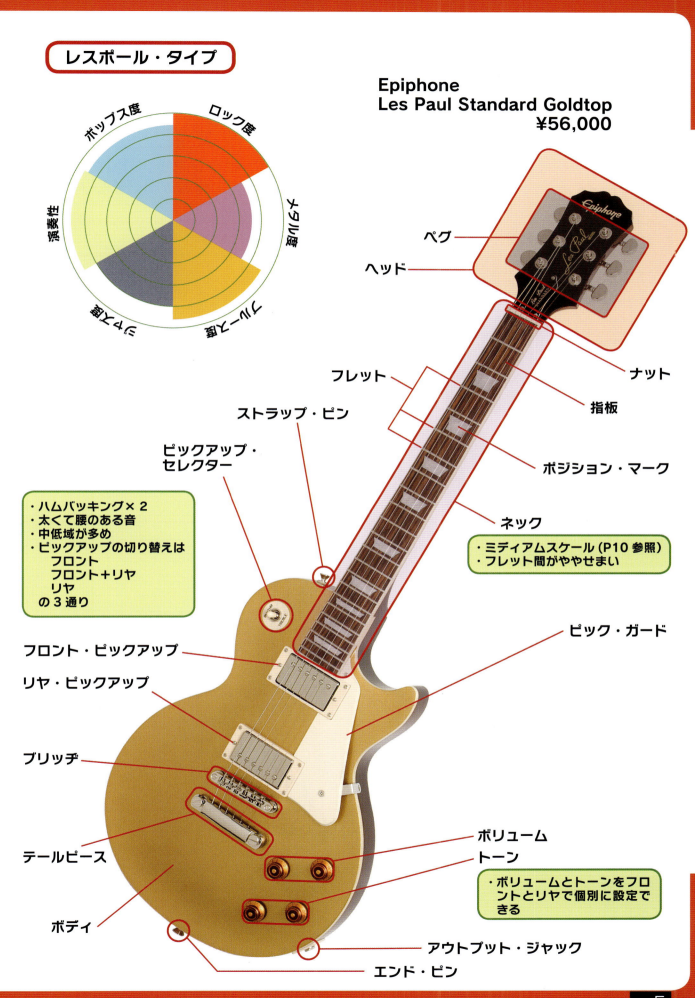

音が違うのはなぜ？

ELECTRIC GUITAR

> エレクトリック・ギターの音を決める大きな要素に、ピックアップの種類とネック・ボディの材質があります。弾きたい音のピックアップ・材質を選びましょう。

ピックアップの種類 ・・・・・大きく分けて２つの種類があります

シングルコイル・タイプ

・繊細で・きらびやかな高域
・コード音の分離が良い
・ノイズが多めなので注意が必要

・ハムバッキングの大きさのシングル・コイル
・シングルコイルとハムバッキングの中間の音

ハムバッキング・タイプ

・太くて腰のある音、歪ませると最高
・パワーがある、ノイズが少ない
・コイルタップといって、配線を切り替えることによりシングルコイルの音を出せるタイプもある

リプレイスメント用ピックアップ

ギターの音は後から変えられる？
ある程度ギターを弾いていると、音が自分の好みとはちょっとちがうとか、演奏するジャンルが増えたのでもう少し音の幅が欲しいなどといった事があると思います。そんな時に便利なのが「リプレイスメント用ピックアップ」です。各社から様々なタイプのものが販売されていますので、ギターを買い替える前に試してみるのもいいでしょう。

※ ピックアップの交換は楽器店またはリペアショップに頼みましょう

ネックとボディの材質によるちがい

メイプル

ローズウッド
メイプル

・立ち上がりの良いアタッキーなサウンド

メイプル＋ローズウッド

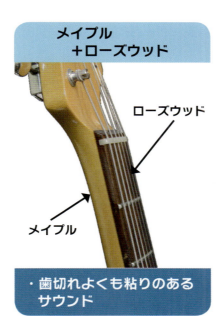

ローズウッド
メイプル

・歯切れよくも粘りのあるサウンド

マホガニー＋ローズウッド

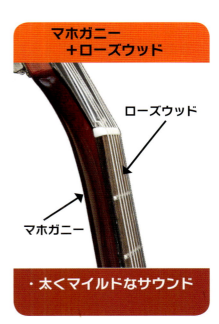

ローズウッド
マホガニー

・太くマイルドなサウンド

アッシュ

・低域から高域までレンジの広いサウンド

アルダー

・バランスがよく癖のないサウンド

マホガニー＋メイプル

・サスティンと粘りを持ったサウンド

コイルタップとは？

ハムバッキング・タイプのピックアップは、シングルコイル・ピックアップを2つくっつけてハムノイズをへらしている構造なので、片方のコイルの出力を個別に取り出してシングルコイルの音が出るようにしたもの。
通常は、ピックアップセレクターとは別のスイッチを付けたり、ボリュームやトーンのノブに切り替え機能を付けたものが多い。

ピックアップのレイアウト

音楽シーンが変化して色々な演奏スタイルがでてくると、そのギターが持っている本来の音だけではなく、音質を変えたり音色の幅を広げたりと様々なピックアップ・レイアウトを搭載したギターが販売されている。また、同系のピックアップでもギターのキャラクターに合わせて音のニュアンスが変えらている。

フェンダー系

S-S-S

・低域から高域までバランスが良い
・ハーフトーンなど様々な音が出せる

H-S-S

・音域のバランスが良い
・太く艶のあるリードトーンが使える

H-S-H

・フロントでもリヤでも太く腰のある音
・コイルタップで3シングルの音が出る

S-S

・突き抜けた高域とガッツのある低域

S-H
・テレキャスターのフロント・ピックアップをパワーアップ

H-H

・ワイドレンジなハムバッキング
・ジャジーなトーンもOK！

※ S=シングル・コイル　H=ハムバッキング・ピックアップの略称です。

ギブソン系

H-H
- 太く粘りのある音
- 歪ませた時の音のバランスが良い

H-H
- レスポールの音を受け継ぎつつ中高域の切れが良い

S-S
- ギブソン系のシングルコイル
- シングルとハムの中間の独特な音

S
- 太めのシングルコイル・トーン
- 音作りはアンプとエフェクターで

S-S-S
- 3シングルコイルで音色の幅を広げたもの

H-H
- 太く甘い音
- ジャズプレイヤーが好んで使う

※ S=シングル・コイル　H=ハムバッキング・ピックアップの略称です。

ハーフトーンとは？

3シングル・コイル仕様のストラトキャスターで、ピックアップセレクトレバーをフロント＋ミドルまたはミドル＋リヤにした場合に、シャリーンとした独特の音が出る。ハーフトーンと呼ばれるこの音は、歪ませてブルージィーなフレーズを弾いたり、コーラスやフェイザーをかけてアルペジオを弾いたりカッティングをしたりと、ストラトキャスターの特徴となっている。この音を求めてストラトキャスターを使うミュージシャンも多い。

ELECTRIC GUITAR

弾き心地がちがうのはなぜ？

ELECTRIC GUITAR

ネックの形状

C シェイプ

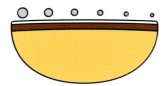

・U シェイプの少し薄いタイプ
・フェンダー系のギターに多い

U シェイプ

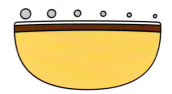

・音が太くしっかりとしている
・ギブソン系や初期のテレなど

V シェイプ

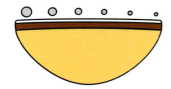

・いわゆる三角ネック
・コードが弾きやすいといわれる

Wide-Thin シェイプ

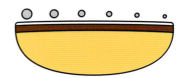

・広くて薄い・アイバニーズ系
・早弾きに適しているといわれる

ギターのスケール（弦長）

スケール	テンション（弦の張り）	フレットの間隔
ロング（レギュラー）・スケール（ストラトキャスター、テレキャスターなどのフェンダー系）	強い ↑↓ 弱い	広い ↑↓ 狭い
ミディアム・スケール（レスポール、SG 等のギブソン系)		
ショート・スケール（ムスタング、ジャガー等のフェンダー系）		

ショート・スケールのギターはテンションが弱いためにチューニングが安定しにくいので、少し太めの弦を張ってテンションをつけ、チューニングを安定させる必要があります。また、フレット間の幅が狭いために手に小さい方でも弾きやすいのですが、ショート・スケールに慣れてしまうと他のスケール（特にロング・スケール）に移行しにくくなるので、注意しましょう。

ネック、フレットの形状及び弦のゲージはギターの演奏性を大きく左右します。ギターを買う前に必ず弾いてみて自分にあったギターを探しましょう。

フレットの形状

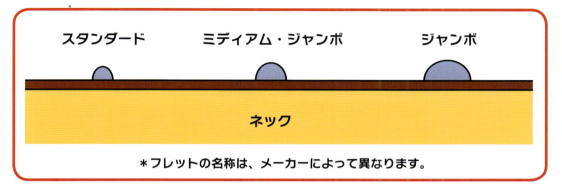

*フレットの名称は、メーカーによって異なります。

スタンダード
・音の立ち上がりが早く、音程もしっかりとしている

ミディアム・ジャンボ
・スタンダードとジャンボの中間

ジャンボ
・フィンガリングのタッチが軽いので、早引き、タッピングむき
・フィンガリングに慣れが必要

弦の種類

主なゲージ	1弦〜6弦	音色	弾き心地
スーパー エクストラ・ライト	.008〜.038	繊細 ↑ ↓ 太い	やわらかい ↑ ↓ かたい
エクストラ・ライト	.009〜.038		
レギュラー・ライト	.009〜.046		
ライト	.010〜.046		
ミディアム・ヘヴィー	.011〜.052		
ヘヴィー	.012〜.054		

*ゲージの名称は、メーカーによって異なります。

ELECTRIC GUITAR

ピックによる音のちがい

使用するピックによっても音色、弾き心地は変わってきます。自分の演奏スタイルにあったピックを探しましょう。

代表的なピック

	ティアドロップ型	最もポピュラーなスタイル 単音、カッティングともに弾きやすい
	トライアングル（おにぎり）型	ストローク・プレイ向きと言われる アコースティック・ギターにもオススメ
	ジャズ型	ティアドロップ型の先端をシャープにして小さくしたもの 非常にスムースなピッキングが可能で、ジャズギタリストだけでなく、ハードロック・メタル系のギタリストにも愛用者が多い
	サムピック型	フィンガーピッキングをするギタリストが、親指にはめて使用する

ピックの厚さによる音のちがい

	厚さ	音のレスポンス	アタック
ハード（ヘヴィー）	～ 0.5mm	早い ↑ 遅い	強い ↑ 弱い
ミディアム	0.6 ～ 0.8mm		
ソフト（シン）	1mm ～		

オリジナル・ピックがつくれるぞ！

で写真を撮る

お気に入りが撮れたら

島村楽器の店舗へ行き相談する

↓

オリジナルピックの作成

12

トレモロアームを使ってみたい

ギター演奏の表現に変化をつけるのに、アームを使ったプレイがあります。
それぞれのメーカーが独自のものを搭載していますが、代表的なものを見てみましょう。

シンクロナイズド・タイプ

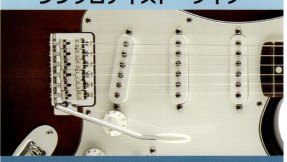

- 軽いアーミング向き
- ハードに使うとチューニングが狂いやすい

ビグスビー・タイプ

- 軽いアーミング向き
- 後付けができる

フローティング・タイプ

- 大胆なアーミングができる
- チューニングが狂うのを押さえるため、ロックナットと併用することが多い

ロックナット

- 弦をネジで固定できるようにしたナット

アームを使ってプレイしてみよう

アームを使ったプレイは、演奏の幅を広げたりアクセントをつけるのにとても役に立ちます。
それぞれのトレモロユニットできる効果をよく考えて、楽しくアーミング・プレイをしよう。

ELECTRIC GUITAR

ギターの種類（音楽ジャンル別）

よく使われているギターをジャンル別に見ていこう。まずはポップスから！

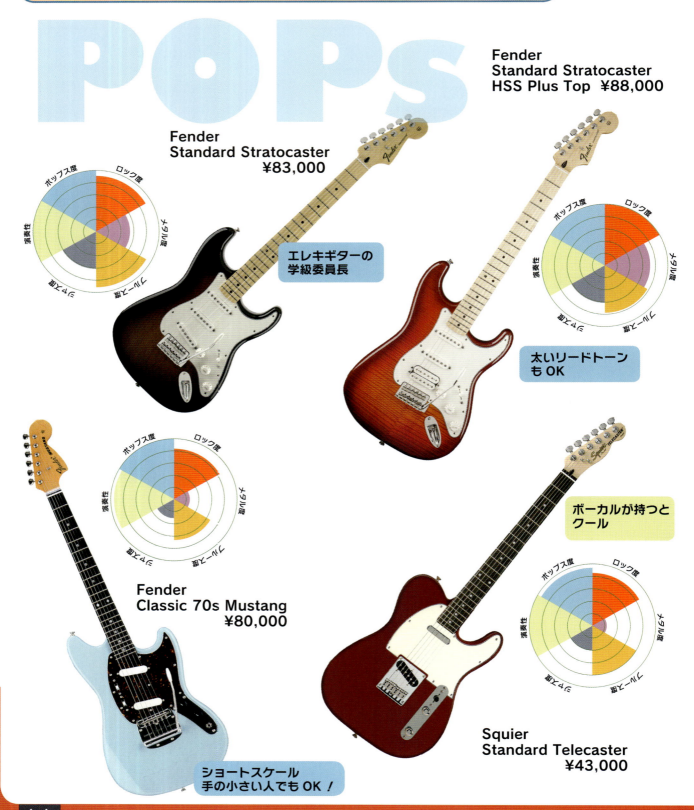

POPs

ELECTRIC GUITAR

Fender Standard Stratocaster ¥83,000
エレキギターの学級委員長

Fender Standard Stratocaster HSS Plus Top ¥88,000
太いリードトーンもOK

Fender Classic 70s Mustang ¥80,000
ショートスケール 手の小さい人でもOK！

Squier Standard Telecaster ¥43,000
ボーカルが持つとクール

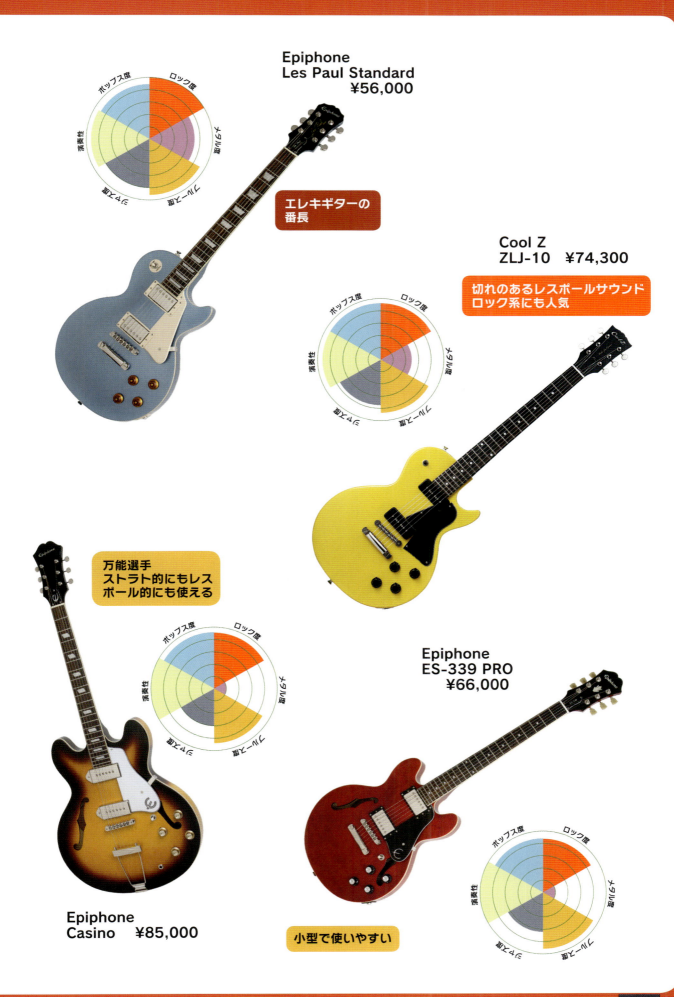

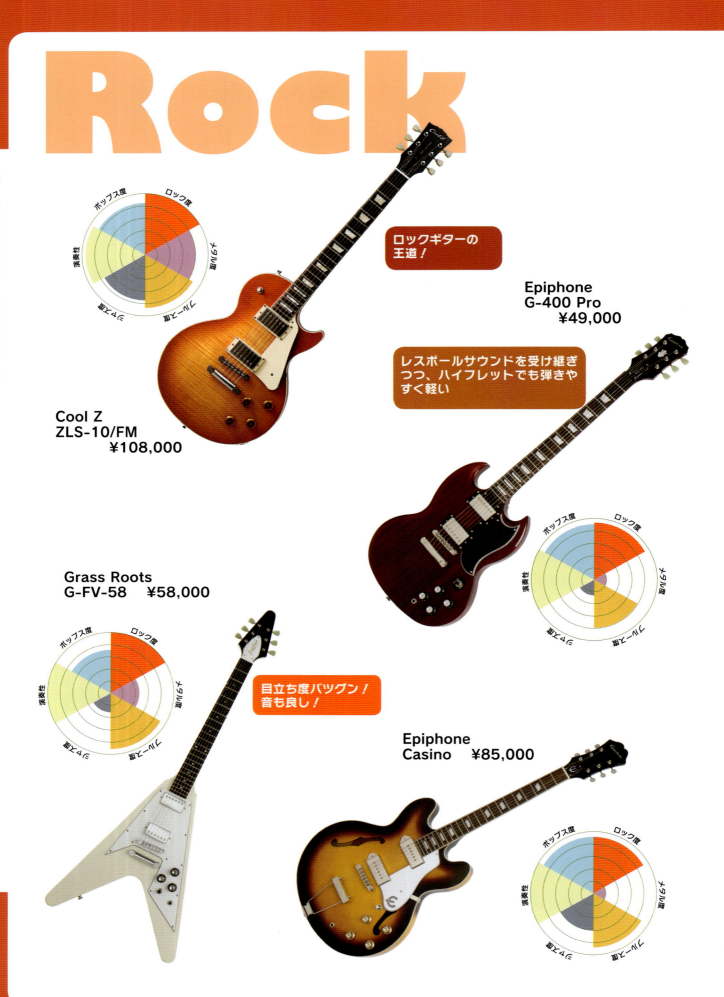

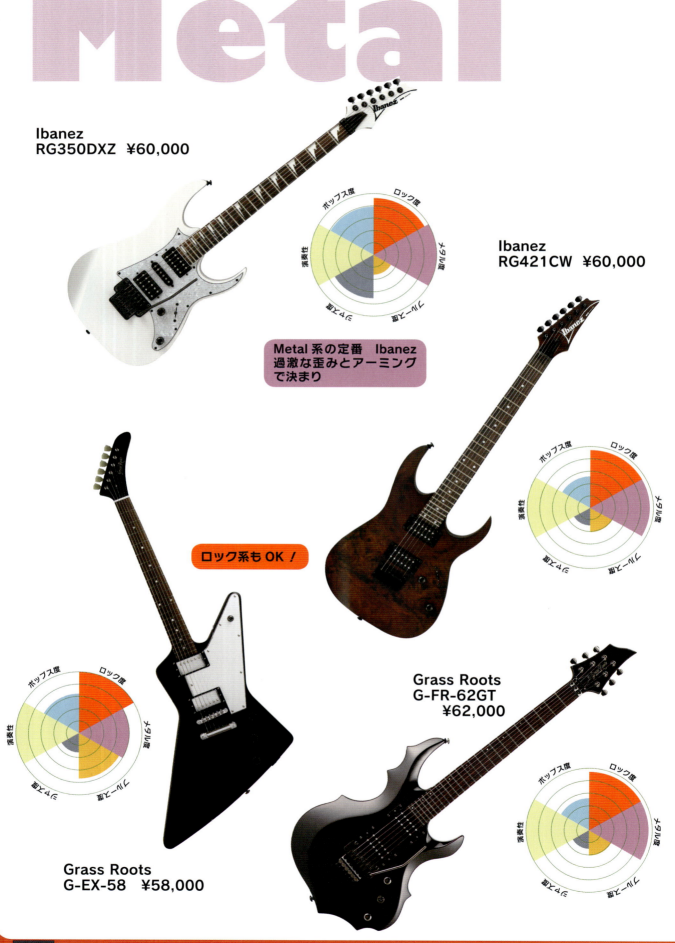

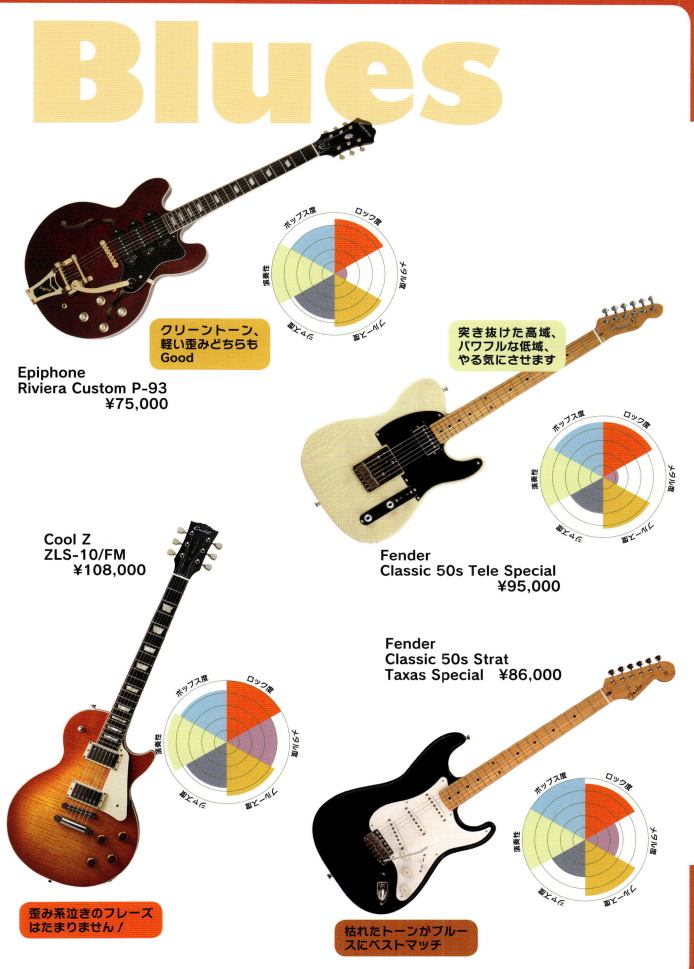

Jazz

ELECTRIC GUITAR

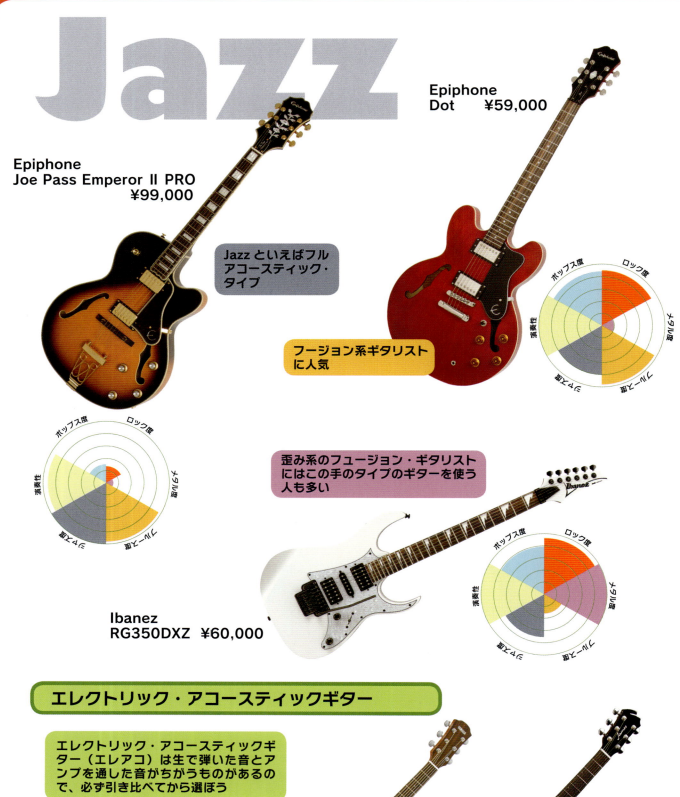

Epiphone
Joe Pass Emperor II PRO　¥99,000

Epiphone
Dot　¥59,000

Jazz といえばフルアコースティック・タイプ

フュージョン系ギタリストに人気

歪み系のフュージョン・ギタリストにはこの手のタイプのギターを使う人も多い

Ibanez
RG350DXZ　¥60,000

エレクトリック・アコースティックギター

エレクトリック・アコースティックギター（エレアコ）は生で弾いた音とアンプを通した音がちがうものがあるので、必ず引き比べてから選ぼう

YAMAHA
AC1R　¥65,000

James
JS600E　¥67,000

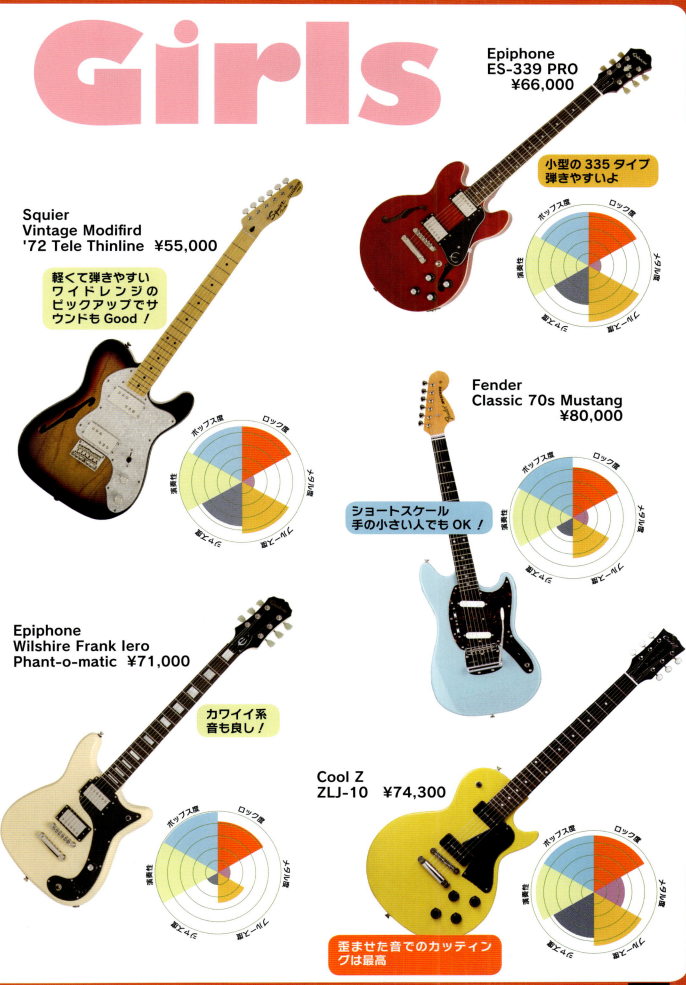

他に何が必要なの？

エレキギター（本体）以外に必要なものを幾つか紹介しましょう。

ギターアンプ

Luis LBA-15　　　YAMAHA THR5

小型の練習用ギターアンプがあると便利です。下の写真のように、ゲインコントロールとマスターボリュームがついているタイプは、アンプ自体で音を歪ませることができるので、ロック系の方は気分が盛り上がります。
ヘッドホン出力もあると夜でも練習できるので良いでしょう。

ストラップ
ギターや服装に合わせてコーディネイトも楽しい。

シールド
あまり高くないものでも大丈夫です。

チューニングメーター
ジャストなチューニングは基本です。常に気を配りましょう。

ピック

自分の演奏スタイルに合ったものを選びましょう。（P12参照）

カポタスト　ひとつ持っていると便利です。

ギターケース

大切なギターを守りましょう。
より堅牢なハードケースもあります。

ギタースタンド

ギターは壁に立てかけたり
床に寝かせたりせずに、
ギタースタンドへ

交換用の弦

思わぬ時に弦は切れます。
交換用の弦は常に用意しましょう。

エフェクター

エフェクターは必ずしも必要なものではありませんが、歪み系（オーバードライブ、ディストーションなど）、空間系（ディレイ、リバーヴなど）、位相系（コーラス、フェイザーなど）がひとつづつでも用意できれば、色々なシーンで役に立ちます。

ELECTRIC GUITAR

23

何に注意して選んだらいいの？

ギターを買う時に注意しなければならないことがいくつかあります。初めて買う時にはなかなか言いづらいと思いますが、これから何年もつきあっていくギターですから、きちんと確認して店員さんに伝えましょう。

ネックのそり

ギターのネックはその多くが木でできているため、制作から日にちが経つと弦のテンション（張力）や湿気によって反りが生じることがあります。

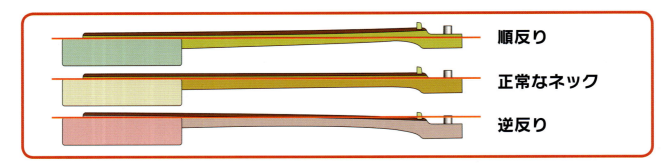

ネックの反りを確認するためには、ギターを持った状態で1フレットと最終フレットを押さえてネックと弦の隙間を見ます。ネックの反りがあった場合には店員さんに相談しましょう。

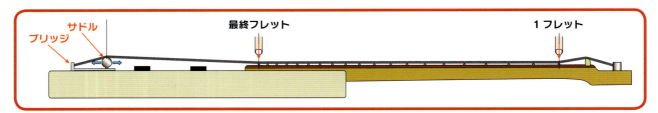

オクターブ調整

開放弦を弾いた音程に対して12フレットを押さえて弾いた音が1オクターブ高ければ、そのギターはちゃんと調整されています。オクターブ調整はサドルを前後に動かすことによって調整できますが、最初は店員さんにやってもらった方が良いでしょう。

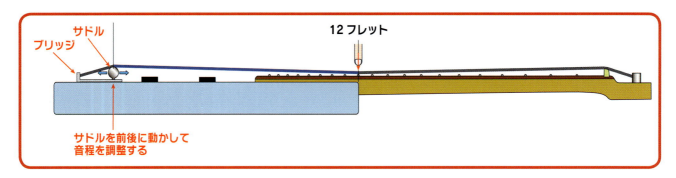

ギターの選び方（番外編）

好きな色・好きな形

・長くつきあっていくものなので、色や形にこだわりたい

やっぱりストラトキャスター

・一家に一台ストラトキャスター！万能選手
・ピッキングのニュアンスが素直に出るので、勉強になる
・ピックアップの位置、組み合わせにより様々な音色が出るので、表現の練習に良い

やっぱりレスポール

・軽い歪みから深いディストーションサウンドまですべての音がロック！
・これしかない！中毒者多し
・ハイフレットが弾きづらいがこのボディならではの音。頑張って引き倒そう

やっぱりテレキャスター

・チョイ悪なイメーッジが最高！
・ボーカルが持つとカッコいい
・けっこう暴れん坊なところもあるけれど、他には無いキャラクター Good！

やっぱり 335

・ポップスからジャジーなフレーズまでカバーする懐の深さ
・セミアコースティック・ギターならではのエアー感が良い

※ 335 は GIBSON 社の ES-335 モデルの略称です。

※ このページは 100％ 著者の独断です

ELECTRIC GUITAR

自分のギターを見つけよう

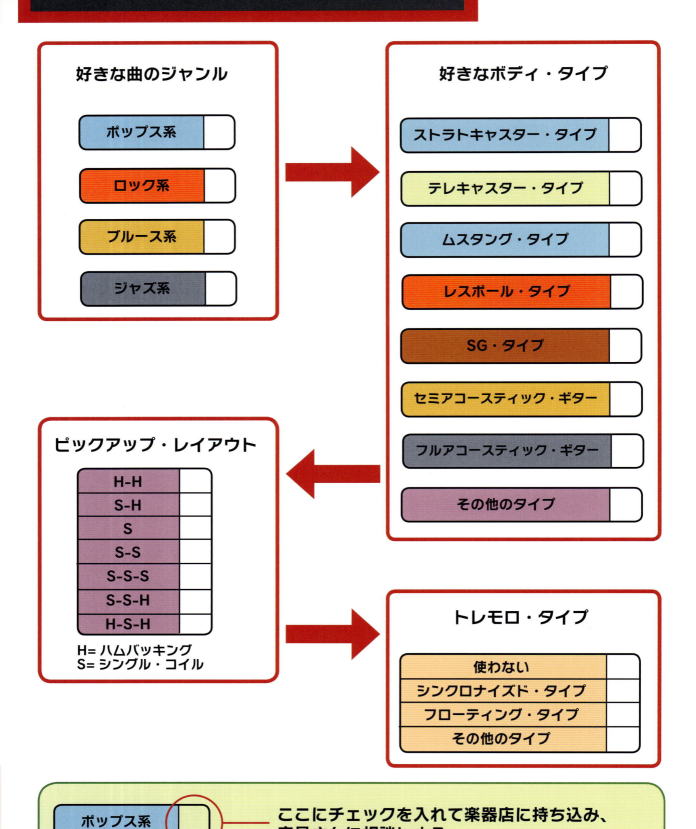

あ と が き

皆様いかがでしたでしょうか。

一口にギターを選ぶと言っても、あまりに多種多様なモデルがあるので、迷ってしまうことがあると思います。そんなあなたに本書が少しでも協力できれば幸いです。

自分のやりたい音楽シーンに合わせて選ぶのも良し、バンドの中での音のバランスがとれるモデルを買うも良し、そんな事はいっさい無視して自分の好きな物を選ぶのも良し、すべてはあなた次第です。
皆様がギターを手に入れて、最高の音楽生活を送られる事を心から願っております。

尚、今回の制作に当たり、画像を提供していただいたり、撮影・録音に協力していただいた下記の会社及び店舗の皆様に心より感謝を申し上げます。

2015 年 11 月　本間圭吾

制作協力

株式会社 イー・エス・ピー (ESP Co.Ltd)

株式会社 GIBSON GUITAR CORPORATION JAPAN

株式会社 コルグ

島村楽器株式会社

フェンダーミュージック株式会社

星野楽器販売株式会社

ホットラインミュージック株式会社

ヤマハ株式会社

島村楽器　モザイクモール港北店

参考文献

エレキギター入門
ルシアー駒木のギターメンテシリーズ（DVD）
島村楽器

本間圭吾　iTunes

ひこうき雲
（サラウンドクリスタル
ジブリの世界）

 「iTunes Store」から
ダウンロードできます。

レット・イット・ゴー
（クリスタル サラウンド）

 「iTunes Store」から
ダウンロードできます。

千の風になって
〜オルゴールの世界〜

 「iTunes Store」から
ダウンロードできます。

本間圭吾ギター
J.POP ベスト 21
（〜 I LOVE YOU 〜）

 「iTunes Store」から
ダウンロードできます。

本間圭吾ギター
演歌ベスト 21
（〜天城越え〜）

 「iTunes Store」から
ダウンロードできます。

ギター選びの初歩の初歩（エレキギター編）
〜初めてギターを買うあなたへ〜

〈著作・制作〉
企　画　　株式会社エス・ツウ
著　者　　本間圭吾（Two-Mix）
監　修　　本間圭吾（Two-Mix）
発　案　　垣内宏太（First Canvas）
制　作　　曽根信敏（株式会社エス・ツウ）
　　　　　武鑓幹人（株式会社エス・ツウ）

株式会社サーベル社（http://www.saber-inc.co.jp）

発行日　　2015 年 12 月 1 日　初版第 1 刷
発行人　　鈴木廣史
発行所　　株式会社サーベル社

〒 130-0025　東京都墨田区千歳 2 丁目 9 番 13 号
電話 :03-3846-1051　FAX:03-3846-1391

造本には十分注意しておりますが、乱丁・落丁などの不良品がありましたら、お取り替えをいたします。
本書の無断複製（コピー）は著作権法上での例外を除き、禁じられています。